1 Ernährung bei TCM - Leber - feuchte Hitze in Leber und Gallenblase

Diese Empfehlungen bitte immer mit dem TCM-Ernährungsberater/in, oder TCM-Arzt/in absprechen! Die Rezepte und Zutatenlisten unterstützen die Therapien nach der Traditionellen Chinesischen Medizin.

Die Kalorienangaben frischer Zutaten (Obst und Gemüse) schwanken je nach Qualität und Erntezeit. Die Inhalte wurden von einer Diätologin und einer Ernährungsberaterin für die Traditionelle Chinesische Medizin (TCM) geprüft.

Autor:
©2016 Josef Miligui
www.ebns.at

AF162472

Titelfoto:
©2008 Erika Weixlbaumer

Quelle:
Die Listen werden aus der TCME-Datenbank für die Ernährungsberatung generiert. Die Datenbank wird von Ernährungsberater, Therapeuten, Ärzte und Gastronomiebetrieben für die Beratung der Patienten/Klienten und Gästen verwendet.

Literaturliste:
Wir haben die Unterlagen als Wissensbasis genutzt und an unsere Erfahrungen angepasst und ergänzt.
 http://ebns.at

Herstellung und Verlag:
BoD – Books on Demand, Norderstedt

ISBN 978-3-7412-8175-4

TCM - Ernährung bei - Leber - feuchte Hitze in Leber und Gallenblase

(Buch: 219)

2 Definition der möglichen Symptome

Befragen
    Allgemein
        Distension im Hypochonrium und Thorax
    Appetit
        Völlegefühl
    Atmung
        Mundgeruch
    Durst
        Nur in kleinen Schlucken
    Epigastrium (Oberbauch)
        Spannungsgefühl
    Körper
        Juckreiz an Genitalien
    Körpertemperatur
        beständiges und niedriges Fieber
    Stuhl
        Stinkend, weich, klebrig
    Urin
        Dunkler Urin

Betrachten
    Augen
        Verklebte Augen
    Haut
        Fettige Haut

Pulsdiagnostik
    Puls
        Schlüpfrig, drahtig ev. Schnell, gespannt

Zungendiagnostik
    Zunge
        Rötlich bis roter Zungenkörper, fettiger, schmieriger Belag bis ins Zentrum

1   Ernährung bei TCM - Leber - feuchte Hitze in Leber und

Gallenblase 1
2 Definition der möglichen Symptome 2
3 Therapiestrategie 5
4 Vermeiden 5
5 Speiseplan 5
   5.1 Frühstück 5
   5.2 Jause 6
   5.3 Mittag 6
   5.4 Nachmittag 7
   5.5 Abend 7
   5.6 Jederzeit 8
6 Rezepte 8
   6.1 Acht Schätze Reis 8
   6.2 Adzukibohnen-Reis-Suppe 9
   6.3 Basmatireis + Zucchini-Tofupfanne 10
   6.4 Belugalinseneintopf mit Gemüse 10
   6.5 Birnen Kompott 11
   6.6 Birnensaft 11
   6.7 Bitzschnelle Zucchinisuppe 12
   6.8 Dicke Erbsensuppe für den Winter 12
   6.9 Gemüse-Grieß-Suppe 13
   6.10 Gemüse-Miso-Suppe mit Tofu 13
   6.11 Geröstete Hirse mit Stangensellerie 14
   6.12 Geröstete Nüsse 14
   6.13 Gerstenbrei mit gedünsteter Birne 15
   6.14 Gerstenschrotsuppe 15
   6.15 Grundrezept für eine Entenbrühe 16
   6.16 Grundrezept für eine Hühnerbrühe wärmend 16
   6.17 Grundrezept für eine Reissuppe (Congee) 17
   6.18 Hülsenfrüchte 17
   6.19 Indische Dalsuppe 18
   6.20 Japanische Algensuppe 19
   6.21 Karotten- Reisschleimsuppe 19
   6.22 Karottendrink 20
   6.23 Kartoffel mit Löwenzahnsalat 20
   6.24 Kohlrabi Zweierlei 21
   6.25 Kühlendes Reisgericht mit Grapefruit 21
   6.26 Linsen-Reis-Eintopf 22
   6.27 Misosuppe mit Tofu 23
   6.28 Nudelsuppe 23
   6.29 Reis mit gedämpftem Gemüse 24
   6.30 Reis mit Pastinake 25
   6.31 Reisbrei mit Hiobsträne (Samen) Yi Yi Ren 25

6.32	Reisbrei mit Orange...	26
6.33	Reis-Congee mit H[...] nd schwarzem Sesam	26
6.34	Reisnudelsuppe mi[...] zen	27
6.35	Reissuppe mit gera[...] otten und frischen Kräutern	27
6.36	Rettichgemüse mit [...]	28
6.37	Rosmarinkartoffeln [...]	29
6.38	Schwarzaugenbohn[...]	29
6.39	Selleriesaft	29
6.40	Spinat mit Sesmammus (Tahin)	30
6.41	Tee Bohnenkrauttee	30
6.42	Tee Grüner	31
6.43	Tee Leberglättertee	31
6.44	Tee Salbeitee	31
6.45	Tee Schafgarbentee	32
6.46	Vegetarischer Gemüse-Getreide-Kartoffelbrei	32
7	Wirkung der Lebensmittel	33
7.1	Zutaten verwenden: empfehlenswert	33
7.2	Zutaten verwenden: ja	36
7.3	Zutaten verwenden: wenig	37
7.4	Kontraindikativ wirkende Lebensmittel nicht verwenden	39
8	Therapeutische Kräuter und deren Wirkungen	40
9	Kräuter aus den Rezepten und deren Wirkungen	40
9.1	Basilikum	40
9.2	Bohnenkraut	40
9.3	Koriander	41
9.4	Kresse	41
9.5	Lauchzwiebel Schnittlauch	41
9.6	Lavendelblüten	41
9.7	Liebstöckel	41
9.8	Lilienzwiebel	41
9.9	Löwenzahn (junger)	41
9.10	Makannasternsamen	41
9.11	Petersilie	42
9.12	Rosmarin	42
9.13	Salbei	42
9.14	Sauerampfer	42
9.15	Schwarzkümmel	42
9.16	Yamswurzel, Yamswurzelknolle	42
10	Grundlagen der Ernährung	43
10.1	Ernährung	43
10.2	Rezepte	45
10.2.1	Rezepte nach Folge der Elemente kochen	46
10.3	Lebensmittel	46

10.4 Kräuter 48
11 Weitere Ernährungsvorschläge 49
12 EBNS - Software für die Ernährungsberatung 52

3 Therapiestrategie

Feuchtigkeit u Hitze ausleiten, Qi d Mitte in Bewegung bringen, Mi stärken. - heiß NEIN, warm WENIG/ NEIN, neutral/ erfrischend JA (sauer WENIG), kaltsalzig u bitter JA, sonst NEIN

4 Vermeiden

Zu viel Alkohol, denaturierte Nahrung, Tiefkühlkost, Fastfood, spät Essen, Kaffee, Zucker, Rohkost, Milchprodukte, fettiges, frittiertes, mit Käse überbackenes, zu viel Eier, Lammfleisch, scharfheiße Gewürze, zu Salziges - Kombi: süß-fett, salzig-fett

5 Speiseplan

Kalorien

5.1 Frühstück

Adzukibohnen-Reis-Suppe 199
Birnensaft 180
Dicke Erbsensuppe für den Winter 123
Gemüse-Grieß-Suppe 198
Gemüse-Miso-Suppe mit Tofu 106
Geröstete Hirse mit Stangensellerie 400
Geröstete Nüsse 973
Gerstenbrei mit gedünsteter Birne 113
Gerstenschrotsuppe 265
Hülsenfrüchte 31
Karottendrink 143
Kartoffel mit Löwenzahnsalat 162
Kohlrabi Zweierlei 278
Kühlendes Reisgericht mit Grapefruit 234
Misosuppe mit Tofu 52
Nudelsuppe 236
Reis mit Pastinake 206
Reisbrei mit Hiobsträne (Samen) Yi Yi Ren 211
Reisbrei mit Orangenschale 119

Reis-Congee mit Honigbirne und schwarzem Sesam 158
Reisnudelsuppe mit Shiitakepilzen 65
Rettichgemüse mit Meerrettich 196
Rosmarinkartoffeln 188
Selleriesaft 33
Tee Grüner 2

5.2 Jause

Adzukibohnen-Reis-Suppe 199
Kohlrabi Zweierlei 278

5.3 Mittag

Acht Schätze Reis 212
Adzukibohnen-Reis-Suppe 199
Basmatireis + Zucchini-Tofupfanne 145
Belugalinseneintopf mit Gemüse 201
Birnensaft 180
Bitzschnelle Zucchinisuppe 41
Dicke Erbsensuppe für den Winter 123
Gemüse-Grieß-Suppe 198
Gemüse-Miso-Suppe mit Tofu 106
Geröstete Hirse mit Stangensellerie 400
Geröstete Nüsse 973
Gerstenbrei mit gedünsteter Birne 113
Gerstenschrotsuppe 265
Hülsenfrüchte 31
Indische Dalsuppe 255
Japanische Algensuppe 47
Karottendrink 143
Kartoffel mit Löwenzahnsalat 162
Kühlendes Reisgericht mit Grapefruit 234
Linsen-Reis-Eintopf 232
Misosuppe mit Tofu 52
Nudelsuppe 236
Reis mit gedämpftem Gemüse 92
Reis mit Pastinake 206
Reisbrei mit Hiobsträne (Samen) Yi Yi Ren 211
Reisbrei mit Orangenschale 119
Reis-Congee mit Honigbirne und schwarzem Sesam 158
Reisnudelsuppe mit Shiitakepilzen 65
Reissuppe mit geraspelten Karotten und frischen Kräutern 131
Rettichgemüse mit Meerrettich 196

Rosmarinkartoffeln 188
Schwarzaugenbohnen-Eintopf 140
Selleriesaft 33
Spinat mit Sesmammus (Tahin) 150
Tee Grüner 2

5.4 Nachmittag

Geröstete Hirse mit Stangensellerie 400
Karottendrink 143
Kartoffel mit Löwenzahnsalat 162
Reisbrei mit Orangenschale 119
Reis-Congee mit Honigbirne und schwarzem Sesam 158
Selleriesaft 33
Tee Grüner 2

5.5 Abend

Adzukibohnen-Reis-Suppe 199
Basmatireis + Zucchini-Tofupfanne 145
Belugalinseneintopf mit Gemüse 201
Birnensaft 180
Bitzschnelle Zucchinisuppe 41
Dicke Erbsensuppe für den Winter 123
Gemüse-Grieß-Suppe 198
Gemüse-Miso-Suppe mit Tofu 106
Geröstete Hirse mit Stangensellerie 400
Geröstete Nüsse 973
Gerstenschrotsuppe 265
Indische Dalsuppe 255
Japanische Algensuppe 47
Karottendrink 143
Kartoffel mit Löwenzahnsalat 162
Kühlendes Reisgericht mit Grapefruit 234
Linsen-Reis-Eintopf 232
Misosuppe mit Tofu 52
Nudelsuppe 236
Reis mit gedämpftem Gemüse 92
Reis mit Pastinake 206
Reisbrei mit Hiobsträne (Samen) Yi Yi Ren 211
Reisbrei mit Orangenschale 119
Reis-Congee mit Honigbirne und schwarzem Sesam 158
Reisnudelsuppe mit Shiitakepilzen 65
Reissuppe mit geraspelten Karotten und frischen Kräutern 131

Rettichgemüse mit Meerrettich 196
Rosmarinkartoffeln 188
Schwarzaugenbohnen-Eintopf 140
Selleriesaft 33
Spinat mit Sesmammus (Tahin) 150
Tee Grüner 2

5.6 Jederzeit

Birnensaft 180
Geröstete Hirse mit Stangensellerie 400
Geröstete Nüsse 973
Grundrezept für eine Reissuppe (Congee) 140
Karottendrink 143
Kartoffel mit Löwenzahnsalat 162
Misosuppe mit Tofu 52
Reis mit Pastinake 206
Reisbrei mit Hiobsträne (Samen) Yi Yi Ren 211
Reisbrei mit Orangenschale 119
Reis-Congee mit Honigbirne und schwarzem Sesam 158
Selleriesaft 33
Tee Grüner 2

6 Rezepte

empfehlenswert = Sie können mehr verwenden, weniger = wenn möglich weniger verwenden.
TL=Teelöffel, EL=Esslöffel, L=Liter, g=Gramm
M=Metall, W=Wasser, H=Holz, F=Feuer, E=Erde.
(Die Kochanleitung nach den Elementen finden Sie im Kapitel „Rezepte" am Ende des Buches.)

6.1 Acht Schätze Reis

Stärkt Niere und Blase, Baut Qi auf, Stärkt die Milz, Vertreibt Feuchtigkeit, reduziert innere Hitze, beugt Krebs vor, baut Herz auf, beruhigt Nerven.
Kalorien p. Portion 212
Kochdauer ca. 1 Stunde
Thermische Wirkung: neutral

Menge	Zutaten	
1 EL	Lilienzwiebel	empfehlenswert
1 EL	Longane	
1 EL	Weißwurz	

1 EL	Yamswurzel, Yamswurzelknolle	
1 EL	Hiobsträne (Samen) YiYi Ren	empfehlenswert
1 EL	Makannasternsamen	
2 Tassen	Reis Wilder (Naturreis)	empfehlenswert M
8-10 Tassen	Wasser	ja E

Kochanleitung:
Je 1 EL: Bai He (Lilienzwiebel), Longan (Longane/Drachenaugenfrucht), Yu Zhu (Wohlriechender Weißwurz-Wurzelstock), Da Zao, Shan Yao (Yamswurzel, Yamswurzelknolle), Lian Mi, Yi Yi Ren (Samen der Hiobsträne), Qian Shi (Makannasternsamen)

Mit heißem Wasser übergießen und ca. 30 Min einweichen.
Anschließend: 1 – 2 Tassen Reis (normal) hinzufügen und ½ bis 1 Stunde köcheln, bis der Reis sehr weich ist. Oder: Mit Vollwertreis ca. 3 Stunden lang mit den Kräutern ein Congee kochen. Dann müssen die Kräuter nicht eingeweicht werden.

6.2 Adzukibohnen-Reis-Suppe

Reduziert Feuchtigkeit, leitet nach unten, reduziert Magen-Darm-Hitze, baut Essenz auf, stärkt Muskeln nach Hitze-Erkrankung: baut Körpersäfte auf.
Kalorien p. Portion 199
Kochdauer ca. 2 Sunden
Thermische Wirkung: neutral

Menge	**Zutaten**		
8 EL	Adzukibohnen	empfehlenswert	W
2 EL	Reis Rundkornreis	empfehlenswert	M
2 Tassen	Wasser	ja	E
1 EL	Honig		E

Kochanleitung:
Eingeweichte Adzukibohnen und Rundkornreis im Verhältnis 4:1 so lange bei kleiner Hitze in Wasser kochen, bis ein dünner Brei entstanden ist. Nach Bedarf süßen; eventuell pürieren.

Wirkung: Dieses Rezept kräftigt Niere, Milz und Magen und ist besonders für Mütter mit zu wenig Milchfluss geeignet

6.3 Basmatireis + Zucchini-Tofupfanne

Diuretisch, wandelt Schleim um, reduziert Hitze, baut Qi auf. Nährt Säfte, harmonisiert Milz und Magen, stärkt Lungen Qi.
Kalorien p. Portion 145
Kochdauer ca. 20 min.
Thermische Wirkung: kühl

Menge	Zutaten		
250 g.	Soja Tofu	empfehlenswert	E
2 EL	Olivenöl	wenig	E
1/2 TL	Koriander	empfehlenswert	M
1/2 TL	Ingwer frisch	wenig	M
1/2 Tasse	Reis Basmatireis	empfehlenswert	M
3 Tassen	Wasser	ja	E
1 Stück	Zucchini	empfehlenswert	E

Kochanleitung:
Tofu würfelig schneiden und mit Olivenöl, Tamari, zerstoßenem Koriander und Ingwer marinieren. Mindestens 1 Stunde ziehen lassen.

Basmatireis mit dem Wasser kochen. Eventuell mit Zwiebel und Kardamom würzen.
Zucchini und Tofu in Pfanne im heißem Öl ca. 5-7 min anrösten.
Reis und Tofu mit Zucchini getrennt auf Teller servieren.
Petersilie dazugeben.

Kann kalt auch als Salat für zuhause und unterwegs genommen werden.

6.4 Belugalinseneintopf mit Gemüse

Tonisiert Qi und Blut, stärkt Nieren und Milz, leitet Feuchtigkeit aus.
Kalorien p. Portion 201
Kochdauer ca. 20 min.
Thermische Wirkung: warm

Menge	Zutaten		
2 Tassen	Linsen (Helmbohnen)	empfehlenswert	W
4-5 Tassen	Wasser	ja	E
3 Stück	Karotte (Mohrrübe, Möhre)	empfehlenswert	E
1 Stück	Lauch (Porree)		M
1/2 Stück	Kohlrabi	empfehlenswert	E
2 Stück	Tomate	weniger als angegeben	H
1 Stück	Zwiebel weiss	wenig	M
2 Blatt	Lorbeerblatt		M
1 Stück	Fenchel	wenig	E
2 Stück	Sternanis	wenig	M

Menge	Zutaten		
6 Stück	Wacholderbeere	ja	F
1 Prise	Chili (Schote oder gemahlen)	weniger als angegeben	M
3 EL	Olivenöl	wenig	E
1 Prise	Salz	wenig	W
1/2 TL	Ingwer frisch	wenig	M
1 Prise	Schwarzkümmel	empfehlenswert	

Kochanleitung:
Öl in heißem Topf erhitzen. Zwiebel andünsten und gewürfeltes Gemüse und Gewürze, Linsen (gut gewaschen) und Salz dazugeben. Mit kaltem Wasser ausreichend (3 Fingerbreit) bedecken und 20 min auf kleiner Flamme kochen.
Mit frischen Kräutern und Schwarzkümmel bestreuen

Passt sehr gut zu Reis!

6.5 Birnen Kompott

Befeuchtet Lunge, reduziert Lungenschleim, nährt Lungen Qi.
Kalorien p. Portion 100
Kochdauer ca. 20
Thermische Wirkung: kühl
Therapeutisches Rezept

Menge	Zutaten		
2 Tassen	Wasser	ja	E
4	Birne	empfehlenswert	E

Kochanleitung:
Bio-Birnen halbieren. Kerne und Haut können verwendet werden. Birne in den Topf geben und Wasser dazu. Bis zu 20 min köcheln, bis die Birnen weich sind.

6.6 Birnensaft

Befeuchtet Lunge, reduziert Lungenschleim, nährt Lungen Qi.
Kalorien p. Portion 180
Kochdauer ca. 5 min.
Thermische Wirkung: kühl

Menge	Zutaten		
3 Stück	Birne	empfehlenswert	E

Kochanleitung:
Birnen dünn schälen (Vitamine unter der Schale) und entkernen. In der Saftpresse entsaften.

6.7 Bitzschnelle Zucchinisuppe

Reduziert Schleim, bewahrt die Säfte, kühlt Leberhitze, stärkt Magen Qi.
Kalorien p. Portion 41
Kochdauer ca. 10 min
Thermische Wirkung: kühl

Menge	Zutaten		
2-3 Stück	Zucchini	empfehlenswert	E
1 Stück	Zwiebel weiss	wenig	M
2 EL	Maiskeimöl	ja	E
1 EL	Petersilie	ja	H
1 TL	Lauchzwiebel Schnittlauch	wenig	M
1/2 Liter	Wasser	ja	E

Kochanleitung:
Gehackte Zwiebel in Öl andünsten. In Scheiben geschnittene Zucchini dazugeben und gut andünsten. Mit Wasser aufgießen. Petersilie und Schnittlauch grob hacken, hinzufügen und alles pürieren.

6.8 Dicke Erbsensuppe für den Winter

Nährt Qi, diuretisch, harmonisiert Qi (v.a. im Mittleren und Unteren Erwärmer). Stärkt die Niere und das Abwehr-Qi; erwärmt. Leitet Feuchtigkeit aus.
Kalorien p. Portion 123
Kochdauer ca. 2-3 Stunden
Thermische Wirkung: warm

Menge	Zutaten		
150 g.	Erbse, grün	empfehlenswert	W
600 ml.	Wasser	ja	E
1 EL	Sesamöl	wenig	E
1/2 Stück	Zwiebel weiss	wenig	M
1/2 TL	Ingwer frisch	wenig	M
1/2 TL	Kümmel	empfehlenswert	E
1 EL	Hafer Schrot	ja	M
1 Prise	Salz	wenig	W
1 Stängel	Petersilie	ja	H

Kochanleitung:
Erbsen vorher einweichen; in einem heißen Topf Sesamöl, Zwiebel, etwas Haferschrot, Ingwer und Kümmel andünsten; Erbsen zugeben und 2-3 Stunden köcheln; am Schluss Salz zugeben; mit Petersilie garnieren.

6.9 Gemüse-Grieß-Suppe

Stärkt Milz und Leber, reguliert Qi-Fluss, baut Qi auf, trocknet aus, leitet nach unten. Diuretisch, reduziert Feuchtigkeit. Reguliert Qi, trocknet aus, leitet nach unten.
Kalorien p. Portion 198
Kochdauer ca. 20 Min. (+Grundrezept)
Thermische Wirkung: neutral

Menge	Zutaten		
1/2 Liter	Grundrezept für eine Gemüsebrühe nahrhaft		
1 Stück	Kartoffel	empfehlenswert	E
1 Stück	Pastinake	empfehlenswert	F
1 Stück	Karotte (Mohrrübe, Möhre)	empfehlenswert	E
150 g.	Sellerie Knolle	empfehlenswert	E
1/2 Stück	Kohlrabi	empfehlenswert	E
10 dag.	Bohnen (grün, frisch)		W
2 EL	Weizen Grieß	empfehlenswert	H
1/2 TL	Liebstöckel	empfehlenswert	M
1 EL	Butter Bio	wenig	E
1 TL	Sojasauce	empfehlenswert	W

Kochanleitung:
Vorbereitete Gemüsebrühe erhitzen; buntes Gemüse in der Brühe weich kochen. Etwas WeizenGrieß einstreuen und quellen lassen. Am Schluss reichlich Liebstöckelgrün und etwas Butter unterrühren und mit Sojasoße abschmecken.

6.10 Gemüse-Miso-Suppe mit Tofu

Stärkt Milz und Leber, reguliert Qi-Fluss, befeuchtet, entspannt, baut Qi auf, verteilt. Stärkt Qi, stärkt Leber und Niere, reduziert feuchte Hitze, entgiftet, nährt Säfte, reduziert innere Hitze, trocknet aus, leitet nach unten.
Kalorien p. Portion 106
Kochdauer ca. 15 Min.
Thermische Wirkung: neutral

Menge	Zutaten		
2 EL	Sesamöl	wenig	E
1 Stück	Zwiebel Schalotte	wenig	M
1 Stück	Karotte (Mohrrübe, Möhre)	empfehlenswert	E
5 cm	Lauch (Porree)		M
3/4 Liter	Wasser	ja	E
2 EL	Endiviensalat	empfehlenswert	F
2 EL	Soja Tofu	empfehlenswert	E
1/2 TL	Ingwer frisch	wenig	M
2 EL	Miso	ja	W

Kochanleitung:
In Sesamöl erst Zwiebeln, dann Karotten und etwas Lauch dünsten; Wasser aufgießen und mild köcheln; Sojasprossen und Endivienblätter zugeben und ziehen lassen; Tofuwürfel, etwas Ingwer hineingeben; am Schluss in etwas abgekühltem Kochwasser gelöstes Miso einrühren.

6.11 Geröstete Hirse mit Stangensellerie

Stärkt Milz und Niere, diuretisch. Bewegt Leber-Qi, kühlt Hitze, befeuchtet, entspannt, baut Qi auf, verteilt.
Kalorien p. Portion 400
Kochdauer ca. 30
Thermische Wirkung: kühl

Menge	Zutaten		
1 Tasse	Hirse	wenig	E
2 Tassen	Wasser	ja	E
2 Stangen	Sellerie Stangensellerie	empfehlenswert	E
2 EL	Wasser	ja	E
1 EL	Kräuter verschiedene	empfehlenswert	
1 Prise	Salz	wenig	W
3-4 Blätter	Salbei	empfehlenswert	F
1 TL	Kresse	empfehlenswert	M

Kochanleitung:
Hirse kurz anrösten, mit Wasser übergießen kurz aufkochen und 20 min. quellen lassen.

Stangensellerie klein schneiden und mit Wasser, Salz und frische Kräuter 10 min. kochen und zu der Hirse geben. Frischen Salbei oder Kresse kleingehackt drüberstreuen.

6.12 Geröstete Nüsse

Stärken Nieren-Qi, -Essenz und Gehirn, stärkt Niere, baut Essenz auf, wärmt Lunge, befeuchtet den Darm, befeuchtet, entspannt, baut Qi auf, verteilt.
Kalorien p. Portion 973
Kochdauer ca. 5 Min.
Thermische Wirkung: neutral

Menge	Zutaten		
100 g.	Haselnüsse	empfehlenswert	E
100 g.	Cashewnüsse	empfehlenswert	E
100 g.	Walnüsse		E

Kochanleitung:
Nüsse in einer Pfanne ca. 5 Minuten rösten.

6.13 Gerstenbrei mit gedünsteter Birne

Befeuchtet Lunge, kühlt Hitze, reduziert heißer Lungenschleim, produziert Körpersäfte, befeuchtet, entspannt, baut Qi auf, verteilt.
Stärkt Milz, kühlt Blase, diuretisch, befeuchtet Darm, entspannt, baut Qi auf, verteilt.
Kalorien p. Portion 113
Kochdauer ca. 25 Min.
Thermische Wirkung: kühl

Menge	Zutaten		
10 Tassen	Wasser	ja	E
1 Tasse	Gerste	empfehlenswert	E
2 Scheiben	Ingwer frisch	wenig	M
3 Kapseln	Kardamom	weniger als angegeben	M
1 Prise	Salz	wenig	W
1 Stück	Birne	empfehlenswert	E
1/2 EL	Zucker Ursüße (Zuckerrohr) süß	wenig	E

Kochanleitung:
Die Gerste zu grobem Schrot mahlen und trocken anrösten. Heißes Wasser aufgießen, Ingwer und Kardamom hinzugeben und bei wenig Hitze zu einem Brei quellen lassen. Birne schälen und würfeln und mit wenig Wasser 10 Min. dünsten. Am Ende die gedünstete Birne, etwas Butter und Süßmittel zugeben.
Variante: Wenn es morgens schnell gehen soll, kann man an Stelle von Schrot Gerstenflocken verwenden.

6.14 Gerstenschrotsuppe

Wirkt neutral bis leicht erwärmend und entspannt den Qi-Fluss. Hilft bei Appetitlosigkeit und Durchfall durch Milz-Schwäche. Bei schwachem Milz-Qi sollte man häufig salzige Suppen zum Frühstück essen.
Kalorien p. Portion 265
Kochdauer ca. 30 Min.
Thermische Wirkung: kühl

Menge	Zutaten		
1 Tasse	Gerste	empfehlenswert	E
1 Prise	Salz	wenig	W
1/2 TL	Ingwer frisch	wenig	M
1 EL	Olivenöl	wenig	E
3 EL	Petersilie	ja	H
2 Tassen	Wasser	ja	E

Kochanleitung:
Gerste in der Pfanne trocken rösten, anschließend zu Schrot mahlen und mit Wasser, etwas Salz und Ingwer zu einem Brei kochen. Vor dem Servieren Öl und Petersilie unterheben. Variante: Man kann dem

Gericht noch einen besseren Geschmack verleihen, wenn man es mit vorbereiteter Gemüse- oder Fleischbrühe kocht.

6.15 Grundrezept für eine Entenbrühe

Stärkt Qi, Blut und Säfte, nährt Yin, stärkt Magen, kühlt Hitze. Stärkt Milz und Leber, bei Kindern: fördert Wachstum (v.a. des Gehirns).
Kalorien p. Portion 61
Kochdauer ca. 2-3 Stunden
Thermische Wirkung: kühl

Menge	Zutaten		
200 g.	Ente (Herz)	wenig	H
1/2 Liter	Wasser	ja	E
100 g.	Ente (Frühmastente, schlachtfrisch)	wenig	H
2 Stück	Karotte (Mohrrübe, Möhre)	empfehlenswert	E
1/2 Stück	Sellerie Knolle	empfehlenswert	E

Kochanleitung:
Entenklein mit Gemüse 2-3 Stunden köcheln. Brühe durch ein feines Tuch sieben und im Kühlschrank aufbewahren.
Variante: Die Innereien können weiterverwendet werden: Man schneidet sie fein und lässt sie einige Minuten mit frischem Gemüse in der Brühe ziehen. Vor dem Servieren mit Petersilie bestreuen.

6.16 Grundrezept für eine Hühnerbrühe wärmend

Stärkt Qi und Blut; ist sehr wärmend.
Kalorien p. Portion 89
Kochdauer ca. 2-3 Stunden
Thermische Wirkung: warm

Menge	Zutaten		
1/2 Stück	Huhn Fleisch	wenig	H
2 Stück	Karotte (Mohrrübe, Möhre)	empfehlenswert	E
1 Stange	Lauch (Porree)		M
1 Stück	Sellerie Knolle	empfehlenswert	E
2 Scheiben	Ingwer frisch	wenig	M
1 TL	Bockshornklee		F
1 TL	Wacholderbeere	ja	F
3 Stück	Lorbeerblatt		M
1 Liter	Wasser	ja	E

Kochanleitung:
Hühnerteile vom Fett befreien, in einem Topf mit heißem Wasser geben und kurz aufkochen lassen, entstehenden Schaum abschöpfen.
Grob geschnittenes Gemüse und alle Gewürze zugeben und 2 – 3 Stunden bei mittlerer Hitze kochen. Fertige Suppe abseihen. Gemüse und Knochen wegwerfen. Tipp: Wenn Sie das Fleisch als

Suppeneinlage weiter verwenden möchten, nach 45 Minuten rausnehmen und nur die Knochen in die Suppe zurückgeben.

6.17 Grundrezept für eine Reissuppe (Congee)

Wärmt Magen und Milz, harmonisiert den Darm, stärkt Qi-Funktion, reduziert Feuchtigkeit.
Kalorien p. Portion 140
Kochdauer ca. 2-4 Stunden
Thermische Wirkung: warm

Menge	Zutaten		
1 Tasse	Reis Sorte beliebig	empfehlenswert	M
6 Tassen	Wasser	ja	E

Kochanleitung:
Man kocht Reis und Wasser in einem Verhältnis von etwa 1:6. Die Menge des Wassers bestimmt die Dicke des Breis (reine Geschmackssache). Der Reis quillt unwahrscheinlich auf, nehmen Sie also nicht viel. Geben Sie den Reis in einen Topf mit einem schweren Deckel. Wichtig ist, den Reis nach kurzem Aufkochen nur auf kleinster Flamme köcheln zu lassen, da er sonst anbrennt.
Kochen Sie den Reis 2-4 Stunden. Je länger er kocht, umso mehr stärkt er. Wenn Sie das Gericht zum Frühstück essen möchten, können Sie den Reis auch kurz vor dem Zubettgehen aufsetzen. Sicherheitshalber sollten Sie vorher einmal unter Beobachtung für eine ähnlich lange Zeit das Verhalten Ihres Topfes und Herdes prüfen, damit nichts anbrennt.

6.18 Hülsenfrüchte

Stärkt Milz und Leber, reguliert Qi-Fluss, befeuchtet, entspannt, baut Qi auf, verteilt. Nährt Blut und Qi, diuretisch, harmonisiert Qi (v.a. im Mittleren und Unteren Erwärmer), entgiftet. Reduziert innere Hitze und Feuchtigkeit.
Kalorien p. Portion 31
Kochdauer ca. 30 Min.
Thermische Wirkung: neutral

Menge	Zutaten		
100 g.	Pintobohnen gesprenkelt	empfehlenswert	W
50 g.	Linsen (Helmbohnen)	empfehlenswert	W
50 g.	Erbse, grün	empfehlenswert	W
1 Liter	Wasser	ja	E
1 Scheibe	Zitrone	weniger als angegeben	H
5 Stück	Wacholderbeere	ja	F
1 Zweig	Thymian	ja	W
1 Zweig	Rosmarin	ja	F
1 Stück	Karotte (Mohrrübe, Möhre)	empfehlenswert	E

Menge	Zutaten		
1-2 TL	Bohnenkraut	empfehlenswert	W
daumengroßes Stück	Ingwer frisch	wenig	M
2-3 Blatt	Lorbeerblatt		M
1-2 Streifen	Wakame	empfehlenswert	W

Kochanleitung:
Hülsenfrüchte wie Bohnen, Linsen, Erbsen oder Kichererbsen werden in reichlich kaltem Wasser mehrere Stunden bis zu 3 Tagen eingeweicht. Alle 8 Stunden sollte dabei das Wasser gewechselt werden. Danach Einweichwasser wegschütten und Hülsenfrüchte gründlich waschen.

Zubereitung:
Hülsenfrüchte mit frischem kaltem Wasser und einer Ingwerscheibe aufsetzen und zum Schäumen bringen. Ohne Deckel ca. 5 min kochen lassen, dabei den Schaum, der sich bildet abschöpfen. Erst danach folgende Zutaten geben: eine Zitronenscheibe oder Zitronensaft, Wacholderbeeren zerdrücken, Thymian; (ev. 1 Messerspitze Asafoetida bei großer Verdauungsschwäche). Bohnenkraut, Salbei, Wacholder, Bockshornkleesamen, Karotte, Lorbeerblätter, frischer Ingwer, Wakamealge zugeben
Auf kleinster Flamme köcheln bis Bohnen oder Linsen die gewünschte Konsistenz haben.
Diese Basis kann 3-4 Tage im Kühlschrank aufbewahrt werden.

6.19 Indische Dalsuppe

Reduziert innere Hitze und Feuchtigkeit, weicht auf, leitet nach unten. Stärkt Milz und Leber, reguliert Qi-Fluss, befeuchtet, entspannt, baut Qi auf, verteilt, stärkt Leber und Niere, reduziert feuchte Hitze.
Kalorien p. Portion 255
Kochdauer ca. 30 Min.
Thermische Wirkung: kühl

Menge	Zutaten		
175 g.	Linsen (Helmbohnen)	empfehlenswert	W
3 EL	Sesamöl	wenig	E
1 Stück	Karotte (Mohrrübe, Möhre)	empfehlenswert	E
1 Stück	Zwiebel Schalotte	wenig	M
2 Tassen	Wasser	ja	E
2 Scheiben	Ingwer frisch	wenig	M
1 Prise Salz	wenig		W
1 TL	Sojasauce	empfehlenswert	W
1 TL gehackte	Petersilie	ja	H
1 TL	Thymian	ja	W
1 EL	Basilikum	ja	M

Kochanleitung:
Linsen über Nacht einweichen; in einen heißen Topf Öl geben; Karotte, Zwiebel, etwas Ingwer andünsten mit Wasser aufgießen; Linsen zugeben und weich kochen; Salz oder Sojasoße zugeben und weitere 10 Minuten kochen; vor dem Servieren Petersilie unterheben. Thymian oder Basilikum drüberstreuen.

Variante: Andere Kräuter wie Salbei, Rosmarin oder Liebstöckel ermöglichen eine Vielfalt von Geschmacksnuancen.

6.20 Japanische Algensuppe

Stärkt Milz und Leber, reguliert Qi-Fluss, befeuchtet, entspannt, baut Qi auf, verteilt. Nährt Lunge und Milz, vertreibt Schleim, löst Schleim, löst Stagnation, leitet nach oben. Bewegt Qi und Yang.
Kalorien p. Portion 47
Kochdauer ca. 20 Min.
Thermische Wirkung: neutral

Menge	Zutaten		
25 g.	Wakame	empfehlenswert	W
1/2 Liter	Wasser	ja	E
1-2 Stk.	Zwiebel Schalotte	wenig	M
50 g.	Rettich (weiß, grün, lila-rot)	ja	M
2 Stück	Karotte (Mohrrübe, Möhre)	empfehlenswert	E
2 EL	Miso	ja	W
2 EL	Petersilie	ja	H
1 EL geschnitten	Zwiebel Frühlingszwiebel	wenig	M

Kochanleitung:
Wakame einige Minuten in Wasser einweichen, herausnehmen und das Wasser zum Kochen bringen. Fein geschnittene Zwiebeln und in feine Streifen geschnittene Wakame, Rettich und Karotten zugeben und weitere 10 Minuten köcheln. Miso in etwas abgekühltem Kochwasser lösen und am Ende dazugeben. Mit Petersilie und Frühlingszwiebeln bestreuen.

6.21 Karotten- Reisschleimsuppe

Wärmt Magen und Milz, harmonisiert den Darm, stärkt Qi-Funktion, reduziert Feuchtigkeit. Stärkt Milz und Leber, reguliert Qi-Fluss, befeuchtet, entspannt, baut Qi auf, verteilt.
Kalorien p. Portion 101
Kochdauer ca. 10 Min. (+Grundrezept)
Thermische Wirkung: warm
Therapeutisches Rezept

Menge	Zutaten		
1 Tasse	Grundrezept für eine Reissuppe (Congee)	ja	
2 Stück	Karotte (Mohrrübe, Möhre)	empfehlenswert	E
1 TL	Salz	wenig	W

Kochanleitung:
Karotten schälen und reiben. Die Reissuppe aufkochen und die geriebenen Karotten und Salz dazugeben. 10 Minuten kochen.

6.22 Karottendrink

Stärkt Milz, Niere und Leber, reguliert Qi-Fluss, befeuchtet, entspannt, baut Qi auf, verteilt. Befeuchten Lunge und Dickdarm. Stärkt Mittleren Erwärmer, befeuchtet.
Kalorien p. Portion 143
Kochdauer ca. 15 Min.
Thermische Wirkung: kühl

Menge	Zutaten		
1 EL	Hirseflocken	wenig	E
400 g.	Karotte (Mohrrübe, Möhre)	empfehlenswert	E
1 TL	Mandelmus		E
1/2 TL	Honig		E

Kochanleitung:
Hirseflocken mit 50 ml kaltem Wasser übergießen und 10 Minuten aufquellen lassen.
Die frischen Karotten entsaften oder 200 ml. Karottensaft verwenden.
Hirseflocken, Karottensaft, Mandelmus und Honig mit dem Mixer fein pürieren.

6.23 Kartoffel mit Löwenzahnsalat

Stärkt Qi, stärkt Milz, lindert Entzündungen, befeuchtet, entspannt, baut Qi auf, verteilt. Kühlt Leber-Hitze, reduziert innere Hitze, weicht Knoten auf. Löst Stagnation, leitet nach unten. Nährt Säfte und Jing, baut Qi auf, verteilt.
Kalorien p. Portion 162
Kochdauer ca. 25 min.
Thermische Wirkung: neutral

Menge	Zutaten		
250 g.	Kartoffel	empfehlenswert	E
1/2 Stück	Zwiebel weiss	wenig	M
1 EL	Sonnenblumenöl	wenig	E
125 g.	Löwenzahn (junger)	ja	F
1 Prise	Salz	wenig	W
1 Prise	Pfeffer weiss (gemahlen)	wenig	M

Kochanleitung:
Die Kartoffeln in Salzwasser garen und in dünne Scheiben schneiden. Die Zwiebel fein hacken. Nun die Kartoffeln mit Öl, Salz und Pfeffer würzen und den Löwenzahn hinzugeben und mischen.

6.24 Kohlrabi Zweierlei

Bewegt Qi und Blut, diuretisch, reduziert Feuchtigkeit. Stärkt Qi, stärkt Milz, lindert Entzündungen, befeuchtet, entspannt, baut Qi auf, verteilt. Stärkt Nieren-Jing.
Kalorien p. Portion 278
Kochdauer ca. 25 Min.
Thermische Wirkung: warm

Menge	Zutaten		
1/2 Stück	Kohlrabi	empfehlenswert	E
100 g.	Kartoffel	empfehlenswert	E
1 EL	Butter Bio	wenig	E
1 Stück	Huhn Eigelb	wenig	E

Kochanleitung:
Die Blätter vom Kohlrabi entfernen, die Knolle und die zartesten Blätter sowie die Kartoffeln gründlich waschen. Den Kohlrabi und die Kartoffeln schälen, in etwa 1 cm große Würfel schneiden. Die Hälfte der Butter in einem kleinen Topf zerlassen, den Kohlrabi und die
Kartoffel dazugeben und darin dünsten. Mit 2 Esslöffeln Wasser im geschlossenen Topf bei schwacher Hitze etwa 15 Minuten dünsten. Inzwischen die zartesten Kohlrabiblätter von den Stielen befreien und sehr fein hacken. Insgesamt sollten höchstens 2 Esslöffel Blattstückchen verwendet werden. Diese etwa 5 Minuten vor Ende der Garzeit zum Gemüse geben und mitkochen. Das Eigelb unterrühren und nochmals kurz aufkochen lassen. Das Gemüse in einen Warmhalteteller füllen und mit der restlichen Butter und dem Eigelb vermischen. Mit einer Gabel grob zerdrücken.

6.25 Kühlendes Reisgericht mit Grapefruit

Senkt das Lungen-Qi ab, nährt Säfte, löst Schleim, trocknet aus, leitet nach unten. Wärmt Magen und Milz, harmonisiert den Darm, stärkt Qi-Funktion, reduziert Feuchtigkeit. Stärkt Qi und Nieren-Jing, befeuchtet, entspannt, baut Qi auf, verteilt.
Kalorien p. Portion 234
Kochdauer ca. 20 Min.
Thermische Wirkung: neutral

Menge	Zutaten		
1 Tasse	Reis Rundkornreis	empfehlenswert	M
5 Tassen	Wasser	ja	E
2 EL	Haselnüsse	empfehlenswert	E
2 EL	Rosinen		E
1 EL	Agavendicksaft		
1 Prise	Salz	wenig	W
1 EL	Mandelmus		E
1 Stück	Grapefruit/Pampelmuse/Pomelo	ja	F
2 TL	Butter Bio	wenig	E

Kochanleitung:
Vorbereitung am Vorabend: Rundkornreis in kaltes Wasser geben und kochen. In etwas heißem Wasser gehackte Haselnüsse, Rosinen über Nacht einweichen.
Am Morgen: In wenig heißes Wasser etwas Agavendicksaft einrühren; den Reis dazugeben und erhitzen; eine kleine Prise Salz, Mandelmus, kleingeschnittene Grapefruit, die eingeweichten gehackten Haselnüsse und Rosinen dazugeben und vermischen; mit einem kleinen Stück Butter darauf servieren.

6.26 Linsen-Reis-Eintopf

Stärkt Milz und Leber, reguliert Qi-Fluss, befeuchtet, entspannt, baut Qi auf, verteilt. Wärmt Magen und Milz, harmonisiert den Darm, stärkt Qi-Funktion, reduziert Feuchtigkeit. Bewegt Leber-Qi, kühlt Hitze.
Kalorien p. Portion 232
Kochdauer ca. 25 Min.
Thermische Wirkung: warm

Menge	Zutaten		
100 g.	Linsen (Helmbohnen)	empfehlenswert	W
5 Tassen	Wasser	ja	E
1 Tasse	Reis Sorte beliebig	empfehlenswert	M
1 EL	Sesamöl	wenig	E
2 Stück	Karotte (Mohrrübe, Möhre)	empfehlenswert	E
2 Stangen	Sellerie Stangensellerie	empfehlenswert	E
1 Prise	Cumin (Kreuzkümmel)		M
1 Prise	Salz	wenig	W
1 Schuß	Essig (Apfelessig)		H
2 EL	Petersilie	ja	H

Kochanleitung:
Linsen einweichen; in einem heißen Topf Sesamöl erhitzen; Karotte und Stangensellerie klein schneiden und andünsten; Reis, eine Prise Cumin und Linsen dazugeben und aufkochen; wenn die Linsen weich sind, Salz zugeben; mit etwas Essig abschmecken und mit Petersilie garnieren.

6.27 Misosuppe mit Tofu

Nähren die Säfte, bewahrt die Säfte, zieht zusammen. Nährt Säfte, lässt Qi aufsteigen, harmonisiert Milz und Magen, befeuchtet, entspannt, baut Qi auf, verteilt. Reguliert Qi, wärmt Milz und Niere, löst Stagnation, leitet nach oben.
Kalorien p. Portion 52
Kochdauer ca. 5 min.
Thermische Wirkung: kühl

Menge	Zutaten		
1 Stück	Wakame	empfehlenswert	W
3-4 EL	Miso	ja	W
50 g.	Soja Tofu	empfehlenswert	E
1/2 Liter	Wasser	ja	E
1 Schuß	Sojasauce	empfehlenswert	W
1/2 EL	Zwiebel Frühlingszwiebel	wenig	M

Kochanleitung:
Wasser, Sojakeimlinge, Wakamealge und in Würfel geschnittenen Tofu 5 Min aufwärmen. Misopaste in Suppenteller geben und langsam mit heißer Suppe übergießen. Mit Tamari Sauce abschmecken. Eventuell Frühlingszwiebel dazu.

6.28 Nudelsuppe

Nährt Lungen-Yin, produziert Körpersäfte. Stärkt Milz und Leber, reguliert Qi-Fluss, befeuchtet, entspannt, baut Qi auf, verteilt. Stärkt Qi und Blut, reduziert Kalte, stärkt Milz und Magen, bewahrt die Säfte, zieht zusammen.
Kalorien p. Portion 236
Kochdauer ca. 1 1/2 Stunden
Thermische Wirkung: neutral

Menge	Zutaten		
300 g.	Rind Suppenfleisch		E
1 Liter	Wasser	ja	E
1 Stück	Lorbeerblatt		M
300 g.	Karotte (Mohrrübe, Möhre)	empfehlenswert	E
1 Staude	Sellerie Stangensellerie	empfehlenswert	E
300 g.	Blumenkohl (Karfiol)	empfehlenswert	E
1 Bund	Petersilie	ja	H
300 g.	Nudeln (Weizen) mit Ei		H
1 EL	Butter Bio	wenig	E
1 TL	Salz	wenig	W
1 EL	Sojasauce	empfehlenswert	W
1 EL	Tomatenmark		H

Kochanleitung:
Das Fleisch abwaschen, mit dem Wasser und dem Lorbeerblatt bei schwacher Hitze etwa 30 Minuten köcheln lassen. Die Karotten schälen und in Scheiben schneiden. Von der Selleriestaude das untere Ende und die Blätter abtrennen. Die Stiele waschen, die zähen Fäden abziehen und die Stiele in etwa 1 cm dicke Scheiben schneiden. Den Rosenkohl waschen, putzen und dabei die Röschen von unten kreuzweise einschneiden. Die Petersilie waschen und hacken. Den Rosenkohl und die Karottenscheiben zur Suppe geben und alles etwa 30 Minuten weiterkochen. Nach etwa 10 Minuten den Sellerie samt grünen Blättern und die Nudeln dazugeben. Zum Schluss das Lorbeerblatt und das Selleriegrün entfernen.
(Für das Baby etwa 200-250 g Karotten, Sellerie und Nudeln mit Brühe abnehmen. Etwa 35 g Fleisch fein hocken und zur Babysuppe geben. Die Butter und 1 Teelöffel gehackte Petersilie unterrühren.)
Die restliche Suppe mit dem Salz, der Soja-Sauce, dem Tomatenmark und der restlichen Petersilie würzen. Das Fleisch herausheben. Fett und Knochen entfernen und das Fleisch würfeln. In der Suppe servieren.

6.29 Reis mit gedämpftem Gemüse

Leitet Hitze und Feuchtigkeit aus
Kalorien p. Portion 92
Kochdauer ca. 20 min (+Grundrezept)
Thermische Wirkung: neutral

Menge	Zutaten		
1 Tasse	Grundrezept für eine Reissuppe (Congee)	ja	
3 Tassen	Wasser	ja	E
1 Stück	Zitrone Schale	empfehlenswert	F
1/8 Liter	Wasser	ja	E
2 Stück	Karotte (Mohrrübe, Möhre)	empfehlenswert	E
1/2 Stück	Sellerie Stangensellerie	empfehlenswert	E
1/2 Tasse	Champignon	empfehlenswert	E
2 EL	Kresse	empfehlenswert	M
1 Schuß	Leinöl		E

Kochanleitung:
Reis nach Grundrezept kochen. Zitronenschale mitkochen.
Wasser aufstellen und kleingeschnittene Karotten, Stangensellerie und Champignons in Gemüseeinsatz dämpfen bis sie weich sind.
Anschließend mit Kresse bestreuen. Dann ein Schuß hochwertiges kaltes Öl zugeben

6.30 Reis mit Pastinake

Reguliert Qi, trocknet aus, leitet nach unten. Wärmt Magen und Milz, harmonisiert den Darm, stärkt Qi-Funktion, reduziert Feuchtigkeit. Befeuchtet, entspannt, baut Qi auf, verteilt. Vertreibt Schleim, leitet nach unten, Aktiviert Wei Qi, stärkt Qi.
Kalorien p. Portion 206
Kochdauer ca. 45 Min.
Thermische Wirkung: kühl

Menge	Zutaten		
1 Tasse	Reis Sorte beliebig	empfehlenswert	M
2 Tassen	Wasser	ja	E
1 Prise	Salz	wenig	W
3-4 Stück	Pastinake	empfehlenswert	F
1 EL	Olivenöl	wenig	E
1 TL	Salbei	empfehlenswert	F

Kochanleitung:
Pastinake schälen und in Scheiben schneiden. Kurz in Öl anbraten. Reis hinzugeben und kurz anbraten. Mit Wasser übergießen und mind. 30 min. kochen lassen. Mit wenig frischem gehacktem Salbei bestreuen.

6.31 Reisbrei mit Hiobsträne (Samen) Yi Yi Ren

Wärmt Magen, harmonisiert den Darm, stärkt Qi-Funktion, reduziert Feuchtigkeit. Stärkt Milz, nährt und stärkt Lunge, reduziert innere Hitze, beugt Krebs vor. Bewegt Qi und Blut, diuretisch, kühlt bei innerer Hitze.
Kalorien p. Portion 211
Kochdauer ca. 2 Stunden
Thermische Wirkung: neutral

Menge	Zutaten		
4 Tassen	Wasser	ja	E
1 Tasse	Reis Sorte beliebig	empfehlenswert	M
1/4 Stück	Zitrone Schale	empfehlenswert	F
1/2 Tasse	Hiobsträne (Samen) YiYi Ren	empfehlenswert	
1 EL	Kresse	empfehlenswert	M

Kochanleitung:
Reisbrei nach Grundrezept und eine halbe Tasse Yi Yi Ren und Zitronenschale mitkochen. 1 Stunde köcheln und danach Kresse drüberstreuen.

6.32 Reisbrei mit Orangenschale

Wärmt Magen und Milz, harmonisiert den Darm, stärkt Qi-Funktion, reduziert Feuchtigkeit. Bewegt Leber-Qi, kühlt Hitze, befeuchtet, entspannt, baut Qi auf, verteilt. Nährt Blut, befeuchtet, entspannt, baut Qi auf, verteilt.
Kalorien p. Portion 119
Kochdauer ca. 10 Min. (+Grundrezept)
Thermische Wirkung: neutral

Menge	Zutaten		
1 Tasse	Reis Sorte beliebig	empfehlenswert	M
6 Tassen	Wasser	ja	E
1/4 Stück	Orange abgeriebene Schale	empfehlenswert	
1 EL	Olivenöl	wenig	E
1/2 Tasse	Champignon	empfehlenswert	E
1/2 Staude	Sellerie Stangensellerie	empfehlenswert	E
3-4 EL	Grundrezept für eine Hühnerbrühe wärmend	ja	
1 Prise	Salz	wenig	W

Kochanleitung:
Man kocht am Vortag Reis, Orangenschale und Wasser in einem Verhältnis von etwa 1:6. Die Menge des Wassers bestimmt die Dicke des Breis (reine Geschmackssache). Der Reis quillt unwahrscheinlich auf, nehmen Sie also nicht viel. Geben Sie den Reis in einen Topf mit guter Isolierung und einem schweren Deckel. Wichtig ist, den Reis nach kurzem Aufkochen nur auf kleinster Flamme köcheln zu lassen, da er sonst anbrennt. Kochen Sie den Reis 2-4 Stunden. Je länger er kocht, umso mehr stärkt er Qi und Blut.
In einem Topf das Öl erhitzen, die kleingeschnittenen Champignon und Sellerie hineingeben, und kurz anbraten. Den Reis hinzugeben. Gemüsebrühe oder Wasser hinzugeben, aufwärmen, salzen.

6.33 Reis-Congee mit Honigbirne und schwarzem Sesam

Speziell bei Nieren Yin Mangel. Befeuchtet Lunge, kühlt Hitze, reduziert Lungenschleim, produziert Körpersäfte, befeuchtet, entspannt, baut Qi auf, verteilt. Befeuchtet Darm, nährt Yin.
Kalorien p. Portion 158
Kochdauer ca. 10 Min. (+Grundrezept)
Thermische Wirkung: neutral

Menge	Zutaten		
2 Tassen	Grundrezept für eine Reissuppe (Congee)	ja	
2 Stück	Birne	empfehlenswert	E
1 TL	Sesam, Schwarzer		H

Kochanleitung:
Reis-Congee nach Grundrezept kochen oder vorbereiteten verwenden.

Topf mit 3 cm Wasser befüllen und aufkochen lassen. Birnen vierteln (mit Haut und Kerne) und hineingeben und mit schwarzem Sesam 10 min zugedeckt köcheln lassen. Mit dem Reis mischen.

6.34 Reisnudelsuppe mit Shiitakepilzen

Stärkt Milz und Leber, reguliert Qi-Fluss, entspannt, baut Qi auf, verteilt. trocknet aus, leitet nach unten. Stärkt Magen-Qi. Nährt Yin von Lunge, Magen und Dickdarm, unterstützt die Verdauung. Reduziert inneren Wind
Kalorien p. Portion 65
Kochdauer ca. 20 Min. (+Grundrezept)
Thermische Wirkung: neutral

Menge	Zutaten		
2 Handvoll	Reisnudeln	empfehlenswert	M
4-6 Stück	Shiitake, getrocknet	empfehlenswert	E
2 Tassen	Grundrezept für eine Gemüsebrühe		
1 Tasse	Chinakohl	empfehlenswert	E
1 TL	Liebstöckel	empfehlenswert	M
2 EL	Miso	ja	W

Kochanleitung:
Reisnudeln und Shiitakepilze getrennt in kaltem Wasser einweichen. Gemüsebrühe erhitzen und eingeweichte, in Streifen geschnittene Shiitakepilze zugeben und sanft köcheln. Chinakohl nudelig schneiden, Liebstöckelgrün und Reisnudeln dazugeben und kurz ziehen lassen. Vor dem Servieren in etwas abgekühltem Kochwasser gelöstes Miso einrühren.
Empfehlung: Geeignet zu Beginn jeder Mahlzeit, auch zum Frühstück

6.35 Reissuppe mit geraspelten Karotten und frischen Kräutern

Stärkt Milz und Leber, reguliert Qi-Fluss, befeuchtet, entspannt, baut Qi auf, verteilt. Stärkt Niere und Blase.
Kalorien p. Portion 131
Kochdauer ca. 5 min.
Thermische Wirkung: neutral

Menge	Zutaten		
1 Tasse	Reis Wilder (Naturreis)	empfehlenswert	M
6 Tassen	Wasser	ja	E
1 Stück	Karotte (Mohrrübe, Möhre)	empfehlenswert	E

Menge	Zutaten		
1 Schuß	Sojasauce	empfehlenswert	W
1 TL	Butter Bio	wenig	E
1 Prise	Kümmel	empfehlenswert	E
1 Prise	Curcuma (Gelbwurz)	ja	
1 TL gehackt	Kräuter verschiedene	empfehlenswert	

Kochanleitung:
In einer Portion vorgekochtem Reis-Congee eine geraspelte Karotte weichkochen, Butter und Sojasauce dazugeben
Mit frischen Kräutern bestreuen
Gewürze und Kräuter : Schwarzkümmel, Kurkuma, Kardamom, Petersilie, Salbei, Thymian, Basilikum, Rosmarin
Wintereinstieg : Pastinaken, Sellerie, Zwiebel, Lauch, Kürbis
Sommereinstieg : Tomaten, Zucchini, Frühlingszwiebel, Radieschen, Rucola

6.36 Rettichgemüse mit Meerrettich

Leicht erfrischend und befeuchtend löst Stagnation. Nährt Blut und Leber, harmonisiert Leber und Milz, stärkt Sehkraft, bewahrt die Säfte, zieht zusammen. Nährt Lunge und Milz, vertreibt Schleim, löst Schleim, löst Stagnation, leitet nach oben.
Kalorien p. Portion 196
Kochdauer ca. 30 Min.
Thermische Wirkung: neutral

Menge	Zutaten		
1 EL	Butter Bio	wenig	E
1/2 Stück	Rettich (weiß, grün, lila-rot)	ja	M
3 EL	Wasser	ja	E
2 EL	Zitrone Saft	weniger als angegeben	H
2 EL	Weißwein		H
1 Prise	Rosenpaprika		F
1 TL	Sesamöl	wenig	E
2-3 EL	Rettich Meerrettich (Kren)	ja	M
1 Prise	Salz	wenig	W
1 Bund gehackte	Petersilie	ja	H
1/2 Tasse	Reis Langkornreis	empfehlenswert	M
3 Tassen	Wasser	ja	E
1 Prise	Salz	wenig	W

Kochanleitung:
In einer heißen Pfanne die Butter schmelzen, in Stifte geschnittenen Rettich andünsten. Mit kaltem Wasser aufgießen, Zitronensaft, Weißwein, eine Prise Rosenpaprika und das Sesamöl unterrühren; mit 2 - 3 EL frisch geriebenem Meerrettich (ersatzweise 1 TL aus dem Glas), Salz abschmecken; gehackte Petersilie drüberstreuen.
Reis mit dem Wasser aufstellen, salzen und ca. 15 Min. kochen lassen.

6.37 Rosmarinkartoffeln

Stärkt Qi, stärkt Milz, lindert Entzündungen, entspannt, baut Qi auf, verteilt.
Kalorien p. Portion 188
Kochdauer ca. 30 Min.
Thermische Wirkung: neutral

Menge	Zutaten		
6-8 Stück	Kartoffel	empfehlenswert	E
1 Prise	Salz Kräutersalz		W
1 EL	Olivenöl	wenig	E
1 TL	Rosmarin	ja	F

Kochanleitung:
Kartoffeln in der Länge halbieren, wenig Olivenöl auf die Schnittfläche streichen, salzen, 2 - 3 Rosmarinnadeln auf jede halbe Kartoffel streuen, Kartoffeln auf Backblech stellen und im vorgeheizten Backofen ca. 25 Minuten auf 190 Grad backen.

6.38 Schwarzaugenbohnen-Eintopf

Stärkt Milz und Niere; ist sehr nahrhaft. Wärmt Magen und Milz, harmonisiert den Darm, stärkt Qi-Funktion. Stärken Magen und Niere, stärkt Milz und Niere.
Kalorien p. Portion 140
Kochdauer ca. 20 Min.
Thermische Wirkung: warm

Menge	Zutaten		
1 Tasse	Schwarzaugenbohnen	ja	W
2 Tassen	Reis Sorte beliebig	empfehlenswert	M
10 Tassen	Wasser	ja	E

Kochanleitung:
Bohnen über Nacht einweichen. In einem Verhältnis von 1:2 die Bohnen mit dem Reis zusammen weich köcheln. Je nachdem, wie heiß die Flamme ist und wie dünn das Gericht sein soll, muss mehr Wasser hinzugefügt werden.
Variante: In Öl angebratene Gemüse wie Karotten, Sellerieknolle, Zwiebeln oder Lauch dazugeben.

6.39 Selleriesaft

Stärkt Magen-Qi, befeuchtet, entspannt, baut Qi auf, verteilt.
Kalorien p. Portion 33
Kochdauer ca. 5 Min.
Thermische Wirkung: kühl

Menge	Zutaten		
1/2 Stück	Sellerie Knolle	empfehlenswert	E
1 Tasse	Wasser	ja	E
1 Prise	Salz	wenig	W

Kochanleitung:
Seller Knolle entsaften und mit Wasser mischen und nach Bedarf salzen.

6.40 Spinat mit Sesmammus (Tahin)

Nährt Blut und Yin, stärkt Zang-Organe, stärkt Magen-Darm, harmonisiert Qi, befeuchtet Lunge. Stärkt Qi, stärkt Milz, lindert Entzündungen, befeuchtet, entspannt, baut Qi auf, verteilt. Nährt Blut.
Kalorien p. Portion 150
Kochdauer ca. 20 Min.
Thermische Wirkung: kühl

Menge	Zutaten		
500 g.	Kartoffel	empfehlenswert	E
1 Prise	Salz	wenig	W
1/4 Liter	Wasser	ja	E
1 Kg	Spinat	ja	E
2 EL	Sesam Paste (Tahini)		E

Kochanleitung:
Kartoffeln kochen und schälen. Wasser erhitzen. Spinat blanchieren. Wasser abschütteln und trocknen lassen und mit Sesammus verrühren.

6.41 Tee Bohnenkrauttee

Tonisiert das Nieren-Yang, das Herz-Qi, den Magen und das Milz-Qi und erwärmt die Mitte, bewegt das Leber-Qi und das Blut, leitet Schleim und Kälte aus der Lunge, öffnet die Oberfläche, leitet Wind-Kälte aus.
Kalorien p. Portion 1
Kochdauer ca. 10 Min.
Thermische Wirkung: warm
Therapeutisches Rezept

Menge	Zutaten		
2-4 TL	Bohnenkraut	empfehlenswert	W
1/2 Liter	Wasser	ja	E

Kochanleitung:
Getrocknetes Bohnenkraut mit kochendem Wasser überbrühen und zugedeckt etwa 10 Min. ziehen lassen. Den Tee abseihen und warm trinken.

6.42 Tee Grüner

Reduziert innere Hitze, löst Schleim, entgiftet.
Kalorien p. Portion 2
Kochdauer ca. 10 Min.
Thermische Wirkung: kühl

Menge	Zutaten		
1 TL	Grüner Tee	empfehlenswert	F
1 Tasse	Wasser	ja	E

Kochanleitung:
Pro Tasse verwendet man einen Teelöffel voll oder einen Teebeutel. Grüntee nur mit 60 bis 80 °C heißem Wasser übergießen, da er sonst bitter wird.
Soll der Tee eine anregende Wirkung haben, lässt man ihn zwei bis drei Minuten ziehen. Eher beruhigend wirkt er bei einer Ziehdauer von fünf Minuten (nicht länger, sonst wird er bitter!).
Eine andere Methode: Man übergießt die Teeblätter mit ca. 70 °C heißem Wasser und gießt das Wasser sofort wieder ab. Dann einfach noch mal heißes Wasser nachgießen. Die Bitterstoffe verschwinden und der Tee bekommt ein milderes Aroma.

6.43 Tee Leberglättertee

Reduziert feuchte Hitze in Leber und Gallenblase.
Kalorien p. Portion 0
Kochdauer ca. 10 Min.
Thermische Wirkung:
Therapeutisches Rezept

Menge	Zutaten		
2 TL	Leberglättertee	empfehlenswert	
1/2 Liter	Wasser	ja	E

Kochanleitung:
Wasser zum sieden bringen und wegstellen. 2 TL der Teemischung dazugeben und 10 min. ziehen lassen. Ev. mit Honig süßen. Beim eingießen abseihen.
1/2 Tasse vor und 1/2 Tasse nach dem Essen trinken

6.44 Tee Salbeitee

Vertreibt Schleim, leitet nach unten, Aktiviert Wei Qi, stärkt Qi.
Kalorien p. Portion 4
Kochdauer ca. 15 Min.
Thermische Wirkung: neutral
Therapeutisches Rezept

Menge	Zutaten		
2 TL	Salbei	empfehlenswert	F
1/2 Liter	Wasser	ja	E

Kochanleitung:
Wasser zum sieden bringen und wegstellen. Salbei dazugeben und 10 min. ziehen lassen. Ev. mit Honig süßen.

6.45 Tee Schafgarbentee

Trocknet aus, leitet nach unten.
Kalorien p. Portion 0
Kochdauer ca. 15 Min.
Thermische Wirkung: kalt
Therapeutisches Rezept

Menge	Zutaten		
2-4 TL	Schafgarbentee	empfehlenswert	F
1/2 Liter	Wasser	ja	E

Kochanleitung:
Wasser zum sieden bringen und wegstellen. Schafgarbe dazugeben und 10 min. ziehen lassen. Ev. mit Honig süßen. Beim eingießen abseihen.

6.46 Vegetarischer Gemüse-Getreide-Kartoffelbrei

Stärkt Qi, stärkt Milz, lindert Entzündungen, befeuchtet, entspannt, baut Qi auf, verteilt. Kühlt Hitze, nährt Säfte.
Kalorien p. Portion 91
Kochdauer ca. 25 Min.
Thermische Wirkung: kühl

Menge	Zutaten		
30 g.	Karotte (Frühkarotte)	empfehlenswert	E
30 g.	Pastinake	empfehlenswert	F
30 g.	Zucchini	empfehlenswert	E
10 g.	Fenchel	wenig	E
50 g.	Kartoffel	empfehlenswert	E
20 g.	Wasser	ja	E
10 g.	Hafer Flocken (Vollkorn)	ja	M
30 g.	Orangensaft	wenig	H
8 g.	Rapsöl	wenig	E

Kochanleitung:
Das Gemüse und die Kartoffeln waschen, würfeln und in wenig Wasser dünsten. Wasser und Haferflocken zugeben, alles pürieren und schließlich das Öl untermengen.

7 Wirkung der Lebensmittel

7.1 Zutaten verwenden: empfehlenswert

Adzukibohnen 263
Agar-Agar, Agartang 37
Apfel (süß) 60
Artischocke 12
Austernpilze 31
Bambussprossen 10
Birne 60
Bitterorangenschale .... -
Blattsalate (bitter) 16
Blumenkohl (Karfiol) 27
Bohnenkraut 50
Borretsch 21
Brokkoli 33
Buchweizen .... -
Buchweizen (geröstet) Kasha .... -
Buschbohnen 26
Butterbohnen weiße 274
Calamari 88
Cashewnüsse 600
Champignon 27
Chenpi (chinesische Mandarinenschale) .... -
Chicorée 16
Chinakohl 16
Eisbergsalat 13
Endiviensalat 19
Enzianwurzel .... -
Erbse, grün 81
Erbsen 145
Erdnüsse .... -
Estragon 52
Garnele 101
Gemüsesaft 18
Gerste 354
Gerste (Nacktgerste) 354
Gerstengraupen 350
Gerstenmalz 291
Grüner Tee 149
Haselnüsse 656
Hiobsträne (Samen) YiYi Ren .... -

Karotte (Frühkarotte)	21
Karotte (Mohrrübe, Möhre)	41
Karottensaft ohne Zucker	41
Kartoffel	68
Kichererbsen	346
Kohlrabi	31
Kombualge	-
Kopfsalat	17
Koriander	321
Koriandergrün	266
Kräuter bittere	-
Kräuter der Provence	-
Kräuter verschiedene	-
Kräuter Wildkräuter	-
Kresse	38
Kümmel	333
Kümmel gemahlen	333
Leberglättertee	-
Liebstöckel	42
Lilienzwiebel	-
Limabohnen	80
Linsen (Helmbohnen)	110
Linsen gelb	77
Linsen rot	77
Linsen schwarz	77
Löwenzahnwurzeltee	-
Maishaartee	-
Miesmuscheln	51
Nierenbohnen (rote)	314
Oliven	352
Orange abgeriebene Schale	-
Pastinake	22
Pfeilwurzelmehl	-
Pfifferlinge/Eierschwammerl	12
Pintobohnen gesprenkelt	-
Radicchio	17
Reis Basmatireis	334
Reis Duftreis	351
Reis Gaoliangreis (Sorghum)	-
Reis Klebreis	360
Reis Langkornreis	347
Reis Reisschleim	353
Reis Roter	-

Reis Rundkornreis	350
Reis Schwarzer	-
Reis Sorte beliebig	351
Reis Süßer	-
Reis Vollkorn	353
Reis Wilder (Naturreis)	353
Reishi	27
Reismehl	351
Reisnudeln	109
Römersalat/Lattich-Salat	-
Rosenkohl	29
Rotkohl	18
Safran	349
Salbei	315
Saubohnen (Dicke Bohnen)	309
Schafgarbentee	-
Schwarze Bohnen	-
Schwarzkümmel	899
Schwarzwurzel	17
Sellerie Knolle	17
Sellerie Stangensellerie	17
Shiitake, getrocknet	355
Silbermorchel, getrocknet	-
Soja Tofu	72
Sojabohnen, Gelbe	418
Sojabohnen, Schwarze	418
Sojabohnenmilch	31
Sojapaste (Miso)	58
Sojasauce	70
Sonnenblumenkerne	524
Steinpilz/Herrenpilz	20
Wakame	-
Weiße Bohnen	112
Weißkohl/Weißkraut	25
Weizen	321
Weizen Flocken	321
Weizen Grieß	344
Weizen Grieß - Kindergrieß	344
Wirsing/Grünkohl	22
Zitrone Schale	-
Zucchini	19

7.2 Zutaten verwenden: ja

Amaranth	374
Aubergine	25
Austern	72
Basilikum	27
Basilikum (frisch)	27
Curcuma (Gelbwurz)	-
Feige	78
Feige getrocknet	239
Feldsalat	14
Grapefruit/Pampelmuse/Pomelo	43
Grapefruitsaft	47
Grundrezept für eine Entenbrühe	660
Grundrezept für eine Hühnerbrühe wärmend	39
Grundrezept für eine Reissuppe (Congee)	50
Hafer	389
Hafer Flocken (Vollkorn)	399
Hafer Schrot	389
Holunderblütentee	237
Kürbiskerne	597
Löwenzahn (junger)	46
Mais	375
Maiskeimöl	899
Mandeln	640
Mangold	23
Meereskrebs	-
Miso	198
Morchel (schwarz, getrocknet)	10
Oregano getrocknet	306
Paprika (Rosenpaprika)	24
Paprika (süß)	24
Petersilie	53
Pinienkerne	674
Pistazien	638
Quinoa	343
Quitte	38
Radieschen	20
Rettich (weiß, grün, lila-rot)	19
Rettich Meerrettich (Kren)	48
Rettich schwarz	19
Roggen	312
Roggenmehl	312

Rosmarin 96
Rucola (Rauke) 17
Schwarzaugenbohnen .... -
Spargel (grün oder weiß) 15
Spinat 16
Thymian .... -
Tintenfisch 87
Trauben rot 73
Trauben weiß 73
Traubensaft rot 73
Traubensaft weiß 73
Vanille .... -
Vanillepulver .... -
Wacholderbeere 362
Wasser .... -
Wasser heiss .... -
Ysop .... -
Zucker Melasse 400

7.3 Zutaten verwenden: wenig

Apfelsaft (Naturtrüb) 50
Avocado 233
Barsch 121
Bier (Altbier) 43
Bier (Pils) 40
Birnensaft 68
Boxhornkleesamen .... -
Bulgur (Getreide) .... -
Butter Bio 754
Couscous 345
Dinkel 320
Dinkel Brot 337
Dinkel Grieß 337
Dinkel Vollkornmehl 337
Ente (Frühmastente, schlachtfrisch) 227
Ente (Herz) .... -
Erdbeere 37
Erdbeersaftgetränk 30
Erdnussöl 895
Fenchel 31
Fischstücke gemischt (Süßwasser) 100
Flaschenkürbis 13

Forelle	105
Gans	342
Gans (Gänseklein)	354
Getreidekaffee	-
Graskarpfen	-
Grünkern	324
Gurke	13
Hagebuttentee	205
Haifisch	-
Heidelbeere	37
Himbeere	34
Hirse	362
Hirseflocken	369
Huhn Ei	154
Huhn Eigelb	354
Huhn Fleisch	102
Huhn Leber	136
Ingwer frisch	49
Kaninchen Fleisch	154
Kaninchen Leber	-
Karpfen	127
Kirsche	63
Kirschsaft	58
Kokosflocken	604
Kokosraspeln	604
Kumquat	71
Lachs	130
Lauchzwiebel Schnittlauch	27
Mandarine	45
Margarine	720
Margarine (Diät)	720
Marillen	55
Olivenöl	897
Orangensaft	45
Pfeffer weiss (gemahlen)	255
Pflaume	47
Pute Brustfleisch	102
Rapsöl	917
Rind Filet	116
Rind Fleisch	148
Rind Fleischknochen	11
Rind Leber	121
Rind Magen	94

Rindfleisch (Kalb) ... 137
Salz ... -
Sauerkraut ... -
Schwein Fleisch ... 336
Schwein Leber ... 124
Senfsamen ... -
Sesamöl ... 896
Sonnenblumenöl ... 898
Sternanis ... -
Süßkartoffel ... 118
Süßwasserfisch ... -
Topinambur / Erdbirne ... 31
Umeboshipflaumen (Japanaprikosen) ... 29
Walnüsse geröstet ... -
Weizen Bulgurweizen ... 287
Weizen Mehl ... 337
Weizenkeimöl ... 879
Zucker braun ... 406
Zucker Fructose Fruchtzucker ... 400
Zucker Glukose Traubenzucker ... 400
Zucker Milchzucker ... 400
Zucker Ursüße (Zuckerrohr) süß ... 400
Zwiebel Frühlingszwiebel ... 28
Zwiebel Schalotte ... 22
Zwiebel weiss ... 28

7.4 Kontraindikativ wirkende Lebensmittel nicht verwenden

Aal
Ananas
Ananas (aus der Dose)
Ananassaft ungezuckert
Apfel (sauer)
Banane
Banane Kochbanane
Brombeere
Chili (Schote oder gemahlen)
Creme fraiche
Curry
Hagebutte
Hammel
Hirsch Fleisch

Honigmelone
Hummer
Ingwer Pulver
Joghurt (Natur, 1,5 % Fett)
Joghurt (Natur, 3,5 % Fett)
Johannisbeere (rot)
Johannisbeere (schwarz)
Johannisbeere (weiß)
Kabeljau
Kaffee
Karambole/Sternfrucht
Karausche
Kardamom
Kiwi

Knoblauch
Kuhmilch (1,5 % Fett)
Kuhmilch (Vollmilch 3,5 % Fett)
Lamm Fleisch
Lamm Knochen
Lamm Schulter
Mango
Meeräsche
Mittelmeerfisch (Kabeljau, Scholle, Schellfisch, Seeaal, Makrele)
Mozzarella
Mungobohne
Mungobohnensprossen
Muskatnuss
Orange
Papaya
Parmesan
Pfeffer (gemahlen)
Pfeffer Cayenne
Pfeffer Körner
Piment
Rhabarber

Rotwein
Sardellen/Sardine
Sauerampfer
Schimmelkäse
Schokolade
Scholle
Schwarztee
Stachelbeere
Thunfisch
Tomate
Wassermelone
Weizen Bier
Weizenkleie
Yogitee
Ziegenkäse
Zimtpulver
Zimtstange
Zitrone
Zitrone Saft
Zitrone, Limette
Zucker (weiß, aus Rüben)
Zucker Kandis weiß

8 Therapeutische Kräuter und deren Wirkungen

Keine definiert

9 Kräuter aus den Rezepten und deren Wirkungen

9.1 Basilikum

Wirkt wohltuend bei Blähungen und Übelkeit, entkrampfend und beruhigend.
Trocknet aus, leitet nach unten.

9.2 Bohnenkraut

Magenstärkend und antibakteriell, beruhigend und appetitanregend.
Stärkt die Abwehr.

Tonisiert das Nieren-Yang, das Herz-Qi, den Magen und das Milz-Qi und erwärmt die Mitte, bewegt das Leber-Qi und das Blut, leitet Schleim und Kälte aus der Lunge, öffnet die Oberfläche, leitet Wind-Kälte aus.

9.3 Koriander

Fördert Verdauung.
Schweiß treibend, reduziert Wind.

9.4 Kresse

Harntreibend, unterstützt das Wasserlassen.
Bewegt Qi und Blut, diuretisch, kühlt bei innerer Hitze, befeuchtet Lunge, löst Stagnation, leitet nach oben.

9.5 Lauchzwiebel Schnittlauch

Bakterizid, beugt Krebs vor, stärkt Magensaftproduktion, fördert Verdauung und Durchblutung, fördert das Wachstum, löst Stagnation.
Leitet nach oben.

9.6 Lavendelblüten

Zentrale Nervensystem, Unruhezuständen, Einschlafstörungen, Appetitlosigkeit und nervosen Darmbeschwerden.

9.7 Liebstöckel

Regt Verdauung an, reduziert Schmerzen.
Reduziert inneren Wind, Feuchtigkeit, löst Stagnation, leitet nach oben.

9.8 Lilienzwiebel

Beruhigt Nerven.

9.9 Löwenzahn (junger)

Entgiftet, lindert Entzündungen.
Kühlt Leber-Hitze, reduziert innere Hitze, weicht Knoten auf.

9.10 Makannasternsamen

Stärkt Milz, lindert Diarrhö, reduziert Ausfluss.

9.11 Petersilie

Regt Leberfunktion an, entgiftet.
Nährt Blut und Leber, harmonisiert Leber und Milz, stärkt Sehkraft, bewahrt die Säfte, zieht zusammen.

9.12 Rosmarin

Fördert Verdauung, stärkt Lunge, Milz und Niere.
Trocknet aus, leitet nach unten. Stärkt Herz, Lunge und Milz-Qi, Stärkt Leber-Blut. Stärkt Herz-Yin. Vertreibt Milz Hitze/Kälte Feuchtigkeit. Stärkt Milz- und Nieren-Yang

9.13 Salbei

Trocknet aus, gegen Hefepilzinfektionen.
Vertreibt Schleim, leitet nach unten, Aktiviert Wei Qi, stärkt Qi.

9.14 Sauerampfer

Adstringierend, blutbildend, blutreinigend, harntreibend, Fieber, Leberschwäche, Magenbeschwerden, Verdauungsschwäche, Verstopfung, Durchfall, Würmer, Skorbut, Blutarmut, Frauenbeschwerden, Wunden, Hautausschläge, Pickel, Furunkel, Geschwüre, Schwellungen
Bewahrt die Säfte, zieht zusammen.

9.15 Schwarzkümmel

entkrampfend, immunregulatorisch. Außerdem soll das Öl die Bildung von Knochenmarkszellen anregen und allgemein Körperzellen vor Viren schützen.

9.16 Yamswurzel, Yamswurzelknolle

Baut Lunge, Milz, Niere auf.

10 Grundlagen der Ernährung

Die hier beschriebenen Grundlagen der Ernährung zeigen allgemeine Empfehlungen und beziehen sich nicht auf eine spezielle Therapieform. Die Empfehlungen der Therapie haben Vorrang.

10.1 Ernährung

Die regelmäßige Einnahme von Mahlzeiten in entspannter Atmosphäre. Ein wärmendes Frühstück gilt als guter Start in den Tag.
Mittags sollte die Hauptmahlzeit stattfinden - das Abendessen am frühen Abend.

Die Beachtung von Hunger- und Sättigungsgefühlen: Nicht überessen und nicht hungern, so lautet die Regel.

Die frische Zubereitung der Speisen aus naturbelassenen, regionalen Produkten. Tiefgekühlte, hitzekonservierte, industriell vorgefertigte oder mikrowellengegarte Lebensmittel werden abgelehnt.

Die Auswahl von Lebensmittel nach der Jahreszeit: Im Sommer mehr kühlende Nahrung, im Winter mehr wärmende Nahrung.

Mindestens zweimal am Tag Gekochtes essen. Speisen und Getränke sollen möglichst handwarm, niemals eiskalt oder heiß sein.

Rohkost, kurz gegartes Gemüse, frisch gepresste Säfte und Mineralwasser werden üblicherweise nicht empfohlen. Milch und Milchprodukte stehen nur dann auf dem Speiseplan, wenn sie problemlos vertragen werden.

Therapeutische Rezepte nicht über einen längeren Zeitraum ohne Rücksprache mit dem Arzt oder Therapeuten einnehmen.

1. Vielseitig essen
Lebensmittelvielfalt genießen. Merkmale einer ausgewogenen Ernährung sind abwechslungsreiche Auswahl, geeignete Kombination und angemessene Menge nährstoffreicher und energiearmer Lebensmittel. (Einerseits Schutz vor Unterversorgung mit essentiellen Nährstoffen und andererseits Schutz vor einer überhöhten Zufuhr unerwünschter Inhaltsstoffe.)

2. Reichlich Getreideprodukte - und Kartoffeln
Brot, Nudeln, Reis, Getreideflocken (am besten aus Vollkorn), sowie

Kartoffeln enthalten kaum Fett, aber reichlich Vitamine, Mineralstoffe, Spurenelemente sowie Ballaststoffe und sekundäre Pflanzenstoffe. Diese Lebensmittel sollten mit möglichst fettarmen Zutaten verzehrt werden.

3. Gemüse und Obst - Nimm "5" am Tag ...
5 Portionen Gemüse und Obst am Tag, möglichst frisch, nur kurz gegart, oder auch eine Portion als Saft – idealerweise zu jeder Hauptmahlzeit und auch als Zwischenmahlzeit: Damit werden reichlich Vitamine, Mineralstoffe sowie Ballaststoffe und sekundären Pflanzenstoffe (z.B. Carotinoiden, Flavonoiden) zugeführt. Das Beste, was man für die eigene Gesundheit tun kann.

4. Täglich Milch und Milchprodukte, ein- bis zweimal in der Woche
Fisch; Fleisch, Wurstwaren sowie Eier in Maßen. Diese Lebensmittel enthalten wertvolle Nährstoffe, wie z.B. Calcium in Milch, Jod, Selen und Omega-3-Fettsäuren in Seefisch. Fleisch ist wegen des hohen Beitrags an verfügbarem Eisen und an den Vitaminen B1, B6 und B12 vorteilhaft. Mengen von 300 - 600 g Fleisch und Wurst pro Woche reichen hierfür aus. Fettarme Produkte bevorzugen, vor allem bei Fleischerzeugnissen und Milchprodukten.

5. Wenig Fett und fettreiche Lebensmittel
Fett liefert lebensnotwendige (essenzielle) Fettsäuren und fetthaltige Lebensmittel enthalten auch fettlösliche Vitamine. Fett ist besonders energiereich, daher kann zu viel Nahrungsfett Übergewicht fördern, möglicherweise auch Krebs. Zu viele gesättigte Fettsäuren fördern langfristig die Entstehung von Herz-Kreislauf-Krankheiten. Pflanzliche Öle und Fette bevorzugen (z.B. Raps-, Oliven- und Sojaöl und daraus hergestellte Streichfette). Auf unsichtbares Fett achten, das in Fleischerzeugnissen, Milchprodukten, Gebäck und Süßwaren sowie in Fast-Food- und Fertigprodukten meist enthalten ist. Insgesamt 70 - 90 Gramm Fett pro Tag reichen aus.

6. Zucker und Salz in Maßen
Nur gelegentlich Zucker und Lebensmittel, bzw. Getränke verzehren, die mit verschiedenen Zuckerarten (z.B. Glucosesirup) hergestellt wurden. Kreativ mit Kräutern und Gewürzen und wenig Salz würzen. Jodiertes Speisesalz bevorzugen.

7. Reichlich Flüssigkeit
Wasser ist absolut lebensnotwendig. Jeden Tag rund 1-2 Liter Flüssigkeit trinken. Wasser (ohne oder mit Kohlensäure) und andere kalorienarme Getränke bevorzugen. Alkoholische Getränke sollten nicht konsumiert

werden.

8. Schmackhaft und schonend zubereiten
Die jeweiligen Speisen bei möglichst niedrigen Temperaturen garen, soweit es geht kurz, mit wenig Wasser und wenig Fett - das erhält den natürlichen Geschmack, schont die Nährstoffe und verhindert die Bildung schädlicher Verbindungen.

9. Sich Zeit nehmen und das Essen genießen
Bewusstes Essen hilft, richtig zu essen. Auch das Auge isst mit. Sich beim Essen Zeit lassen. Das macht Spaß, regt an, vielseitig zuzugreifen und fördert das Sättigungsempfinden.

10. Auf das Gewicht achten und in Bewegung
Ausgewogene Ernährung, viel körperliche Bewegung und Sport (30 bis 60 Minuten pro Tag) gehören zusammen. Mit dem richtigen Körpergewicht fühlt man sich wohl und fördert die Gesundheit.
Thermik, Wirkrichtung, Verdauungskraft
Es gibt unterschiedliche Kriterien, die Wirksamkeit von Kräutern und Lebensmittel zu beurteilen. Der Einsatz der Kräuter und Zutaten basiert auf Beobachtung, was die Lebensmittel, Kräuter und Gewürze nach ihrem Verzehr im Körper bewirken. In der Medizin hat sich daraus folgendes System entwickelt: Jede Zutat oder Kraut hat eine Wirkrichtung. Außerdem gibt es noch Kräuter, die eine besondere Wirkung auf bestimmte Organe haben.

Voraussetzung für einen gesunden Stoffwechsel ist es, darauf zu achten, dass wir ausreichend Energie aus der Nahrung gewinnen und der Verdauungsprozess so wenig Energie wie möglich verbraucht. Eine bekömmliche Mahlzeit macht zufrieden und satt, verursacht keine Blähungen und keine Müdigkeit nach dem Essen. Richtiges Würzen erhöht die Bekömmlichkeit unserer Speisen. Es genügen oft schon geringe Mengen an Kräutern und Gewürzen. Sie dienen nicht dazu, uns satt zu machen, sondern helfen unseren Verdauungsorganen, die Nahrung zu verdauen.

10.2 Rezepte

Die Rezepte zeigen Ihnen welche Zutaten verwendet werden, sowie mit der Kochanleitung wie diese zubereitet werden. Bei den Zutaten wird neben den Mengenangaben auch die Wichtigkeit für die Therapie, das Wärmeverhalten sowie das Element angezeigt. Wenn dabei angezeigt wird "weniger als angegeben" versuchen Sie diese Empfehlung einzuhalten oder eine Alternative aus der Liste der "Empfohlenen Lebensmittel" zu finden. Meistens ist es nur eine leichte geschmackliche Änderung wenn Sie diese Zutat gänzlich weglassen.

Schonende Kochmethoden: Kochen, dämpfen, pochieren, dünsten
Scharfe Kochmethoden: Grillen, rösten, anbraten, räuchern
Ausgeglichene Kochmethoden: Frittieren, Römertopf

Auf das Einfrieren und erwärmen in der Mikrowelle sollte verzichtet werden (Denaturierung).

10.2.1 Rezepte nach Folge der Elemente kochen

In der TCM werden die Zutaten der Rezepte möglichst in der Reihenfolge der Elemente verwendet, welches eine erhöhte Bekömmlichkeit und energetische Qualität ergibt. Den Beginn macht die Kochmethode mit der begonnen wird. Wird in einer Pfanne oder Topf etwas erwärmt ist das Element das Feuer. Diese 5 Elemente stehen in Beziehung zueinander und haben eine natürliche Reihenfolge, die den Jahreszeiten entspricht.
Metall - Wasser - Holz - Feuer - Erde.
So stärkt das jeweilige Element das das ihm nachfolgende. Die Zutaten können dann in Gruppen der jeweiligen Elemente beigegeben werden. Es sollten nach Möglichkeit immer alle 5 Elemente in einer Speise vorhanden sein. Das Element mit dem man aufhört, ist am wirksamsten. Das bedeutet, gebe Sie am Ende noch etwas Petersilie über das Gericht, hat es den größten Einfluss auf die Leber, da sowohl Petersilie als auch die Leber zum Holzelement zählen.

Wenn Sie nach dieser Methode kochen wollen, sollten Sie bei einem TCM-Ernährungsberater oder einem TCM-Kochkurs weitere Feinheiten kennen lernen. Grundlagen sehen Sie auf:
https://de.wikipedia.org/wiki/Fünf-Elemente-Lehre

Organ	Element
Leber, Galle	Holz
Herz, Dünndarm	Feuer
Milz, Magen	Erde
Lunge, Dickdarm	Metall
Nieren, Blase	Wasser

10.3 Lebensmittel

In der Traditionell Chinesischen Medizin werden alle Lebensmittel den 5 Elementen Holz, Feuer, Erde, Metall und Wasser zugeordnet.

Lebensmittel wirken wie Heilkräuter auf Körper und Geist, nur wesentlich sanfter. Die Ernährungsberatung stützt sich hauptsächlich auf heimische Lebensmittel. Das Wissen über die Wirkungsweisen jedes einzelnen Lebensmittels und das Wissen wann welche Lebensmittel zur Anwendung kommen, entstammt der Schulmedizin. Verwende Sie möglichst Erzeugnisse aus ökologischen-biologischem Landbau.

Da wegen der besseren Verdaulichkeit grundsätzlich alles lange gekocht und kaum roh gegessen wird, ist die Verträglichkeit hervorragend.

Die Einteilung der Lebensmittel entsprechend ihrer Wirkung auf den Körper und bildet die Basis, um einen ausgewogenen und harmonischen Gesundheitszustand im Körper zu erreichen.

Grundsätzlich empfiehlt die Ernährungsberatung keine bestimmten Lebensmittel für Jedermann. Ausschlaggebend für den individuellen Speiseplan ist vor allem die persönliche Konstitution.

Kaufen Sie nur frisches und reifes Obst und Gemüse ein. Braune Stellen, welke Blätter aber auch unreifes Obst und Gemüse sollten Sie im Supermarkt zurücklassen. Greifen Sie dann zu Tiefkühlware (keine Fertiggerichte!). Tiefkühlobst und -gemüse werden kurz nach dem Ernten schockgefroren und enthalten deshalb oftmals mehr Vitamine und Mineralstoffe, als die Ware aus der Obst- und Gemüsetheke! Konserven- und Dosenware dagegen enthält wesentlich weniger Biostoffe. Zudem werden Letztere meist mit Salz, Zucker usw. angereichert. Lassen Sie die Zutaten nach dem Waschen nie im Wasser liegen, denn so gehen viele Vitalstoffe ins Wasser über! Putzen Sie Salate, Früchte und Gemüse erst unmittelbar vor Verzehr.

Beachten Sie bitte die hygienische Verarbeitung der Lebensmittel. Waschen Sie Ihre Salate, Früchte und Gemüse gründlich. Bei Gerichten mit Fleisch bereiten Sie zuerst die Zutaten vor und verarbeiten dann die Fleischprodukte. Reinigen Sie danach die Arbeitsflächen und Werkzeuge besonders gründlich. Holzunterlagen sollten regelmäßig mit leichtem Desinfektionsmittel behandelt werden um die Keimbildung einzuschränken.

Bewahren Sie Obst und Gemüse möglichst getrennt voneinander auf. Auch geerntete Früchte und Gemüse leben und strömen z.B. Ethylengas aus, das andere Sorten schneller reifen und altern lässt. Fleisch und Fisch in der verschlossenen Verpackung lassen oder in luftdichten Boxen im Kühlschrank aufbewahren.

10.4 Kräuter

Bei der Aufbewahrung und Lagerung von Heilkräutern, müssen gewisse Grundregeln beachtet werden. Grundsätzlich müssen Heilkräuter geschützt vor direkter Sonneneinstrahlung, vor Feuchtigkeit und vor heißen Temperaturen gelagert werden.

Als Gefäße für die Lagerung von Heilkräutern können Gläser, Keramik-Behälter und zur Not auch Plastik-Dosen eingesetzt werden. Plastik ist aber ein sehr unreines Material und sollte daher wirklich nur eine kurzfristige Notlösung sein. Bei Glasbehältern ist darauf zu achten, dass dunkles Glas verwendet wird.

Heilkräuter können nicht beliebig lange aufbewahrt werden. Die Haltbarkeit von Heilkräutern ist auf jeden Fall begrenzt. Durch die Haltbarkeitsdauer kann durch sachgerechte Lagerung wesentlich erhöht werden. So soll der Lagerplatz dunkel, eher kühl und absolut trocken sein. Ein Medizinschrank aus Holz, der nicht direkt bei einer Wärmequelle platziert ist wäre ideal. Um Ihre Heilkräuter nicht wegwerfen zu müssen, kaufen Sie nicht zu große Mengen an Heilpflanzen. Beschriften Sie die Behälter mit dem Namen des Heilkrauts und dem Datum der Ernte bzw. der Verarbeitung.

11 Weitere Ernährungsvorschläge

Folgende Syndrome der Diätetik, der TCM oder als Therapieergänzung bei Krebs sind verfügbar.

DIÄTETIK
1. Ernährung des Säuglings - Beikost
2. Ernährung in der Stillzeit
3. Ernährung im Alter
4. Ernährung von Kindern und Jugendlichen
5. Ernährung von Sportlern
6. Leichte Vollkost
7. Schwangerschaft
8. Vollkost

Eiweiß und Elektrolyt – Nieren
9. (Hämo-)Dialysebehandlung
10. Akutes Nierenversagen
11. Chronische Niereninsuffizienz
12. Nephrotisches Syndrom
13. Nierensteine (Nephrolithiasis)

Gastrointestinaltrakt - Bauchspeicheldrüse
14. Akute Pankreatitis (Entzündung der Bauchspeicheldrüse)
15. Chronische Pankreatitis (Entzündung der Bauchspeicheldrüse)

Gastrointestinaltrakt - Dünndarm und Dickdarm
16. Akute Obstipation (Verstopfung)
17. Chronische Obstipation (Verstopfung)
18. Colon irritabile
19. Divertikulitis
20. Erworbene Laktoseintoleranz (Laktosemalabsorption)
21. Fruktosemalabsorption
22. Glutensensitive Enteropathie (Zöliakie)
23. Kolektomie
24. Kurzdarmsyndrom

Gastrointestinaltrakt - Leber, Gallenblase, Gallenwege
25. Akute und chronische Hepatitis (Entzündung der Leber)
26. Cholelithiasis (Gallensteine)
27. Fettleber
28. Leberzirrhose

Gastrointestinaltrakt - Magen und Zwölffingerdarm
29. Akute Gastritis
30. Chronische Gastritis
31. Magenblutung
32. Ulcus ventriculi und Ulcus duodeni
33. Zustand nach Magenoperation

Gastrointestinaltrakt - Mundhöhle und Speiseröhre
34. Mundschleimhautentzündung
35. Ösophaguskarzinom (Speiseröhrenkrebs)
36. Reflüxösophagitis (Sodbrennen)

spezielle Krankheiten
37. Phenylketonurie (PKU)

38. Rheumatische Gelenkserkrankungen
Stoffwechsel
39. Adipositas (Übergewicht)
40. Diabetes mellitus
41. Essstörungen (Untergewicht)
Fettstoffwechsel
42. Hypercholesterinämie (erhöhter Cholesterinspiegel)
43. Hepatische Enzephalopathie
Herz- und Kreislauf
44. Arteriosklerose (Arterienverkalkung)
45. Herzinsuffizienz
46. Hypertonie (Bluthochdruck)
47. Hyperurikämie und Gicht
veränderter Nährstoffbedarf
48. bei Fieber
49. bei malignen Erkrankungen
50. nach Verbrennungen
51. Strahlen- und Chemotherapie

KREBS
100. Bauchspeicheldrüse
101. Blasenkrebs
102. Blutkrebs (Leukämie)
103. Brustkrebs
104. Darmkrebs
105. Magenkrebs
106. Nierenkrebs
107. Speiseröhrenkrebs

TCM
200. Blase - Feuchte Hitze in der Blase
201. Blase - Feuchtigkeit und Kälte in der Blase
202. Blase - Leere und Kälte in der Blase
203. Dickdarm - äussere Kälte befällt den Dickdarm
204. Dickdarm - Feuchte Hitze im Dickdarm
205. Dickdarm - Hitze blockiert den Dickdarm II akut
206. Dickdarm - Trockenheit des Dickdarms
207. Dickdarm - Yang Mangel (Kälte)
208. Herz - Blut Mangel
209. Herz - Blut Stagnation
210. Herz - Feuer
211. Herz - Heisser Schleim verstopft die Herzporen
212. Herz - Kalter Schleim verstopft die Herzporen
213. Herz - Qi Mangel
214. Herz - Yang Mangel
215. Herz - Yin Mangel
216. Leber - aufsteigender Leber-Yang
217. Leber - Blut-Mangel
218. Leber - Blut-Stagnation
219. Leber - feuchte Hitze in Leber und Gallenblase
220. Leber - Feuer
221. Leber - Gallenblase Qi-Leere
222. Leber - Kälte im Lebermeridian

223. Leber - Qi-Stagnation
224. Leber - Wind
225. Leber - Wind mit aufsteigendem Leber Yang
226. Leber - Wind mit Blutleere
227. Leber - Wind mit extremer Hitze
228. Lunge - Qi Mangel
229. Lunge - Schleim-Feuchtigkeit in der Lunge
230. Lunge - Schleim-Hitze in der Lunge
231. Lunge - Schleim-Kälte in der Lunge
232. Lunge - Trockenheit der Lunge
233. Lunge - Wind-Hitze befällt die Lunge
234. Lunge - Wind-Kälte befällt die Lunge
235. Lunge - Yin Mangel
236. Magen - Blutstagnation
237. Magen - Feuer
238. Magen - Magenkälte mit Flüssigkeit
239. Magen - Nahrungsstagnation
240. Magen - Qi Mangel
241. Magen - rebellierendes Magen Qi
242. Magen - Yin Leere
243. Milz - Hitze und Feuchtigkeit befällt die Milz
244. Milz - Kälte und Feuchtigkeit befällt die Milz
245. Milz - Qi Mangel
246. Milz - Qi Mangel + Absinkendes MilzQi
247. Milz - Qi Mangel + Milz kontrolliert das Blut nicht
248. Milz - Yang Mangel
249. Niere - Herz und Niere kommunizieren nicht mehr
250. Niere - Jing Mangel
251. Niere - Nieren können das Qi nicht empfangen
252. Niere - Qi ist nicht fest
253. Niere - Yang Mangel
254. Niere - Yin Mangel

12 EBNS - Software für die Ernährungsberatung

Die Hauptaufgabe der Datenbank ist eine „**personalisierte Ernährungsberatung**" für jeden Patienten individuell. Die Datenbank wurde für die Diätetik und Traditionellen Chinesischen Medizin entwickelt. Sie Unterstützt bei der Ausbildung und Beratung im Arbeitsalltag.

Das Computerprogramm liefert Listen von Rezepten, Zutaten und Kräuter, welche dem Klienten mitgegeben werden. Individuell nach Patienten-Wunsch von Vollkost bis Vegetarier (Lacto-, Ovo-, ...) einstellbar. Zu jedem Register gibt es ein INFOBLATT welches einmal dem Klienten mitgegeben werden kann.

Die Syndrome sind kombinierbar und ergeben eine Schnittmenge der empfehlenswerten Rezepte und Zutaten. Die automatisierte Diagnose für die TCM ermöglicht Ihnen während der Ausbildung Ihre Erfahrungen zu überprüfen sowie im Arbeitsalltag ihre Diagnose zu bestätigen. Sie wählen mehrere vordefinierte Symptome und lassen sich vom Programm die relevanten Syndrome automatisch anzeigen.

Wie Sie mit der Datenbank arbeiten können:
Sie können alle Werte verändern, neue Symptome oder Syndrome anlegen, Rezepte entwickeln, verändern oder Zutaten und Kräuter an Ihre Erkenntnisse anpassen. In der einfachen Klientenverwaltung werden alle relevanten Daten zu der Person gespeichert. Sie bekommen einen Überblick über die zurückliegenden Diagnosen und die Entwicklung des Krankheitsverlaufes.

Als Berater sparen Sie viel Zeit, wenn Sie für die erkannten Syndrome die Rezept-, Lebensmittel- und Kräuterlisten ausdrucken und den Klienten mitgeben. Diese Zeit können Sie für das persönliche Gespräch nutzen.

Alle Rezept- und Lebensmittellisten können Sie auch als Kombination mehrerer Erkrankungen bestellen. Mit der Datenbank können Sie außerdem für jedes Rezept die Nährstoffe und Spurenelemente angezeigt bekommen und Rezepte für Syndrome selbst mit vorgeschlagenen Zutaten entwickeln.

Weitere Informationen finden Sie auf http://www.ebns.at.
Josef Miligui, Tel.: +43 660 121 05 00